Geschichten,
die die Seele wärmen

Gesammelt und erzählt von
Andreas Wojak

Inhalt

Ein Bild aus meiner Kindheit, als ich fünf oder sechs war: Morgens nach dem Aufwachen sausten meine Schwester und ich die Treppe hinunter und schlüpften ins Bett der Großeltern. Im Winter war es in der Frühe kalt im ganzen Haus, und Großvater war schon damit beschäftigt, den Ofen einzuheizen und zwischendurch Großmutter den Tee ans Bett zu bringen. Manchmal legte er sich auch noch für ein paar Minuten dazu und fing an, Geschichten zu erzählen. Von „Hans Winter", der den kalten Ostwind blies und die klirrende Kälte übers Land brachte, was das Kuscheln unter der Bettdecke nur noch heimeliger werden ließ. Oder wir hörten spannende Begebenheiten aus seiner Kindheit.

Früh war also mein Interesse für Geschichten geweckt, für Märchen, Erzählungen und Literatur. All das bildet den Hintergrund für ein Projekt, das mich über einige Jahre mehr und mehr fasziniert hat: nämlich erlebte, sehr persönliche Geschichten völlig verschiedener Menschen unterschiedlichen Alters zu sammeln. Geschichten, die mir erzählt oder für mich aufgeschrieben wurden. Und in denen es um den Alltag genauso geht wie um die großen Themen Liebe und Vergänglichkeit, Geburt und Tod. Auf eine Weise, wie das Leben eben ist: heiter, traurig, melancholisch, witzig. Mal zum Lachen, mal zum Weinen.

Manche Geschichten lösen beim Lesen ein Schmunzeln aus. Andere laden zum Mitfühlen und Mitleiden ein. Alle aber berühren das Herz. Wann immer man Zuspruch braucht oder Freude verschenken will: Diese Geschichten muntern auf, wärmen die Seele, trösten, machen Mut, tun einfach gut. Und sie schenken die Achtsamkeit, die eigene ganz persönliche Herzgeschichte zu entdecken. Denn wir werden berührt durch das, was anderen Menschen widerfährt, weil es uns genauso oder ähnlich passiert ist oder hätte passieren können.

Mein Großvater Johann Schoon lebt schon lange nicht mehr. Heute lese ich immer wieder einmal, was er als Heimatschriftsteller hinterlassen hat. Darunter ist auch ein kleines Gedicht, „Eine Stunde sei dein". Ich mag es besonders gerne, weil es eine Wertschätzung des Augenblicks, des Kleinen und scheinbar Unbedeutenden ist – so wie es sich auch in vielen Herzgeschichten widerspiegelt.

Andreas Wojak

EINE STUNDE SEI DEIN

Eine Stunde sei dein an jedem Tag,
eine Stunde finde dich wesenswach,
eine Stunde allein.
Deine Freude ist schal, dein Leben flach,
tauch in die Tiefe und schürfe ihm nach,
leg' die schweren goldenen Adern bloß,
dann wird dir das Kleine unendlich groß,
eine Stunde sei dein.

Der lockende Tand verrauscht, verrinnt,
nur das bleibt fest, was man täglich gewinnt:
das eigene Sein.
Sei du ein Sämann auf eigenem Feld,
bau dir ganz still deine heimliche Welt,
lass für ein Weilchen die jagende Hast,
gönn' deiner Seele die kurze Rast:
Eine Stunde sei dein.

Johann Schoon

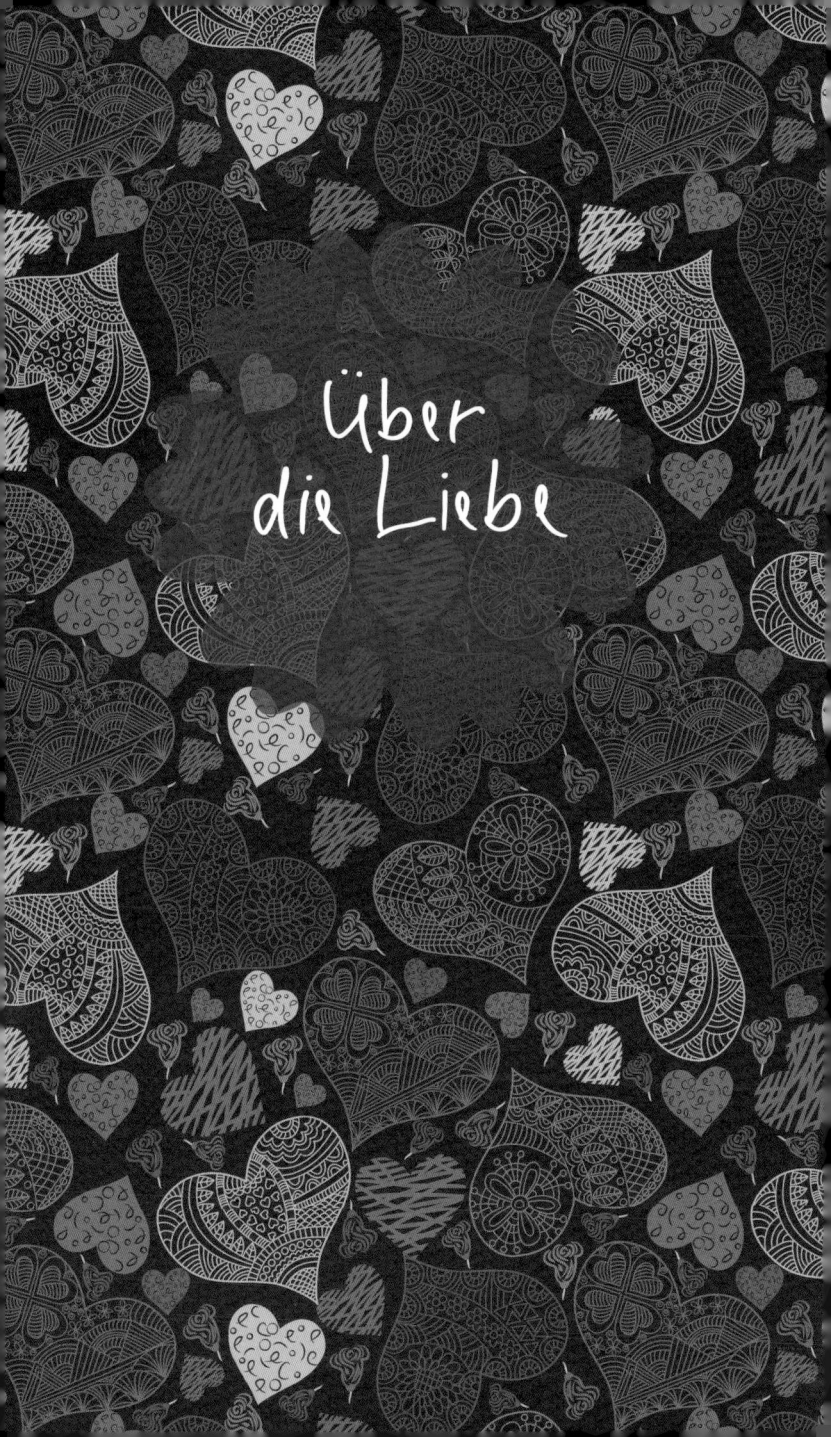

Über
die Liebe

U-BAHN-ROMANZE

„Krumme Lanke zurückbleiben!", donnerte es auf dem Bahnsteig am Wittenbergplatz. Mit einem Satz sprang ich in die U 7, bevor die Türen sich schlossen. Geschafft, jetzt konnte ich 20 Minuten entspannen und mich meiner Lektüre widmen – als Vorbereitung auf das Seminar um 10.15 Uhr. Ich studierte damals im 2. Semester.

Die U-Bahn war um diese Zeit nicht allzu voll, und so fand ich einen Sitzplatz auf einer Längsbank. Nach zwei oder drei Stationen sah ich kurz auf. Mein Blick blieb an einer jungen Frau in meinem Alter hängen, die mir schräg gegenüber saß. Sie musste nach mir eingestiegen sein. Eigentümlich berührt und faszi-niert wandte ich mich wieder meinem Buch zu, doch mit der Aufmerksamkeit für die Wissenschaft war es dahin. Wer war diese Frau mit den großen dunklen Augen und dem kleinen Bastkoffer neben sich auf der Bank? Ich betrachtete sie, und plötzlich begegneten sich unsere Blicke für einen Moment, bevor wir beide wieder schnell wegsahen.

Als hätte mich ein Pfeil getroffen, war mein ganzes Sinnen und Trachten auf sie gerichtet – diese schöne Unbekannte da gegenüber. Sie einfach so anzupre-chen, traute ich mich nicht, die vielen Studenten um uns herum, nein, das war viel zu peinlich. Aber ich war mit einem Mal fest entschlossen herauszufin-den, wo sie jetzt hinwollte. Ob sie mit mir aussteigen würde? Die Station Thielplatz war mein Ziel. Schon vorher, in Dahlem-Dorf, stiegen viele Studenten aus, aber sie blieb sitzen.

Und auch beim Thielplatz machte sie keine Anstalten, sich zu erheben. Statt auszusteigen, blieb auch ich sitzen. So fuhren wir, bis die Endstation erreicht war: Krumme Lanke. Wir waren fast ganz allein. Sie stand auf und ging ganz gemächlich zum Ausgang über eine große Treppe – ich mit einigem Abstand hinterher. Mir kam mein Verhalten plötzlich völlig kindisch vor – wie weit wollte ich ihr denn nachlaufen? Und wenn sie es merken würde? Eine Stimme in mir sagte: Tu's doch einfach, frag sie, hier sieht es doch keiner. Oben an der Treppe holte ich sie ein, mein Herz klopfte wie wild – vor Anstrengung und Aufregung. Und dann nahm ich all meinen Mut zusammen und sprach sie an: „Hallo."

Sie drehte sich um, und dann stotterte ich etwas von Zeit haben, Kaffee trinken oder so. Und das Wunder geschah: Die Unbekannte grinste: „Von mir aus."

Es war der Beginn einer wunderbaren Romanze, die in eine Liebe mündete, die immer noch nicht beendet ist.

Übrigens rannte ich nach der ersten Begegnung schnurstracks wieder hinunter zum Bahnsteig und fuhr – innerlich jubelnd – zurück zum Thielplatz. Mit etwas Verspätung traf ich in meinem Seminar ein.

Drei oder vier Wochen danach gestand mir Elisabeth, so hieß sie, dass sie damals eigentlich auch am Thielplatz hätte aussteigen müssen. Aber sie wollte wissen, wohin ich denn fahren würde.

Hermann Timmen

JETZT

Herzklopfen
im Handgepäck
und jede Menge Gedanken
zwischen
Wenn und Aber –
und doch bleibt
nichts anderes
als der Sprung
kopfüber,
landunter,
mit beiden Füßen voraus
ins Jetzt.

Isabella Schneider

Für die Welt bist du irgendjemand,
aber für irgendjemand bist du die Welt.

Erich Fried

Der Name unter der Todesanzeige einer älteren Frau ließ mich stutzen: War das wirklich Helmut? Meine große Liebe in jungen Jahren?

Ich las die Anzeige in unserer Zeitung zwei Monate nach dem Tod meines Mannes, mit dem ich mehr als 50 Jahre durchs Leben gegangen war und fünf Kinder bekommen hatte. So langsam begann ich mich von der schweren Trauer zu lösen – und jetzt plötzlich tauchte dieser Name auf. Offenbar der Ehemann der Verstorbenen, die ich nicht kannte. Als Wohnort war ein 30 Kilometer entferntes Dorf angegeben – und von dort stammte auch Helmut.

Meine Gedanken gingen zurück. Frühjahr 1944. Krieg. Als knapp 16-Jährige war ich im Pflichtjahr. Auf einem Bauernhof musste ich die Hofbesitzerin, deren Mann Soldat war, unterstützen. Ich arbeitete in der Landwirtschaft und im Haushalt, wo einige kleine Kinder zu versorgen waren.

Eines Tages kam ein junger Mann zu Besuch, groß und stattlich, gutaussehend, anziehend. Es war der Cousin der Hofbesitzerin, der ein paar Tage Fronturlaub hatte und von seinen Eltern, die in der Nähe wohnten, hierher geradelt war. Helmut.

Auf Anhieb verliebten wir uns ineinander. Helmut blieb den ganzen Tag – es war der schönste Tag in meinem jungen Leben. Schon am nächsten Tag endete sein Urlaub. Wir tauschten unsere Adressen aus, und er schrieb mir seine Feldpostnummer auf.

Mehrere Monate lang gingen sehnsüchtige Briefe zwischen uns hin und her. Doch dann antwortete Helmut nicht mehr. Das war kein gutes Zeichen, beinahe täglich hörten wir von vermissten oder gefallenen Soldaten.

Nach etlichen Wochen kam ein Brief, den ich Helmut geschickt hatte, zurück mit dem Vermerk: „nicht zustellbar". Die Feldpostnummer war durchgestrichen. Ich war inzwischen anderswo im Arbeitseinsatz, und Nachforschungen bei seiner Cousine ergaben: Helmut war vermisst, also wahrscheinlich gefallen.

Meine Bestürzung und Trauer waren groß, auch wenn in manchen Momenten die Hoffnung keimte, Helmut könnte vielleicht doch noch am Leben sein. Vielleicht war er in Gefangenschaft. Doch die Zuversicht schwand von Tag zu Tag.

Einige Zeit später lernte ich Karl kennen, einen lieben, verständnisvollen jungen Mann, der eine schwere Kriegsverletzung am Kopf hatte und deshalb zu Hause war. Unser Zusammensein half mir, über den Verlust von Helmut hinwegzukommen, und aus einer vorsichtigen Freundschaft wurde nach und nach mehr. Obwohl meine Mutter und alle anderen in der Familie strikt dagegen waren: Ein Kriegsversehrter, und dann noch zehn Jahre älter als ich, wie sollte das werden?!

Manchmal dachte ich noch an Helmut – aber als ich in den letzten Kriegswochen schwanger wurde, verdrängte ich solche Gedanken völlig. Die Geburt unseres ersten Jungen im Dezember 1945 war schwierig. Ich musste ins Krankenhaus. Aber es ging alles gut, und Karl erwies sich als fürsorglicher Ehemann.

Allerdings hatte er, als er mich im Krankenhaus besuchte, eine merkwürdige Überraschung parat: einen Brief von Helmut, der bei meiner Mutter eingetroffen war. Der Brief war über ein Jahr unterwegs gewesen – aus einem Kriegsgefangenenlager in den USA. In mir stiegen zwiespältige Gefühle auf, romantische Bilder aus dem Frühjahr 1944, wir beide als verliebtes Paar auf dem Hof. Doch mein neugeborener Sohn machte mir schnell klar, dass für Romantik jetzt kein Platz war. Ich hatte mich für Karl entschieden. Ein für allemal. Den Brief legte ich zur Seite – hob ihn allerdings auf.

Das Leben mit Karl war nicht immer einfach, weil er aufgrund seiner Hirnverletzung immer wieder mit Anfällen von Unruhe und Jähzorn zu tun hatte. Unsere nach und nach größer werdende Familie hatte darunter manches Mal zu leiden. Andererseits war er gutmütig und kümmerte sich um viele Dinge im Haushalt, da er keiner regulären Tätigkeit nachgehen konnte. Mit seiner Kriegsrente ließen sich wohl keine großen Sprünge machen, aber wir kamen über die Runden, auch weil ich immer etwas hinzuverdiente. Große Ansprüche hatten wir nicht.

So ging die Zeit dahin, die Kinder wurden erwachsen und bekamen selber Kinder. Bis dann Karl starb. Und nun Helmut am Horizont auftauchte. So erschien es mir jedenfalls.

Als ich die Anzeige gelesen hatte, machte ich mich auf die Suche nach Helmuts Post aus der Gefangenschaft. Ich brauchte einen ganzen Tag dafür, denn bevor ich sie fand, stieß ich auf alle möglichen Sachen aus vergangenen Zeiten: Fotos, Urkunden, Dokumente, unendlich viele Postkarten und einen dicken Stapel Briefe. Alles nahm ich in die Hand, das meiste las ich, tauchte ein in die Vergangenheit, erinnerte mich an Schönes und Trauriges, an Menschen, die schon lange nicht mehr lebten. Dann endlich kamen Helmuts Briefe zum Vorschein. Briefe voller Liebesschwüre. Schließlich mein letzter Brief, der zurückgekommen war, und Helmuts Brief aus der Gefangenschaft. Ich las sie alle von vorne bis hinten, vertiefte mich in Erinnerungen – und konnte mich doch nicht entschließen, Helmut anzurufen. Seine Telefonnummer hatte ich inzwischen ausfindig gemacht. Wenn er es denn überhaupt war. Vielleicht handelte es sich ja um eine Namensverwechslung.

Ich überlegte hin und her und vertraute mich schließlich meinen Kindern an. Sie rieten mir: Ruf doch an. Was soll denn passieren?

Schließlich nahm ich meinen ganzen Mut zusammen. Und am Telefon war tatsächlich „mein" Helmut. Als ich seine Stimme hörte, war ich aufgeregt wie ein junges Mädchen. Schon ein paar Tage später stand er in der Tür. Obwohl ich mir immer wieder klargemacht hatte, dass wir beide um mehr als ein halbes Jahrhundert älter geworden waren, musste ich schlucken, als ich ihn sah: Nie und nimmer hätte ich in diesem Menschen denjenigen wiedererkannt, den ich einmal so sehr geliebt hatte.

Das war der erste Eindruck. Der zweite: Dieser Mensch hat Schwung, ist charmant und überzeugend. Helmut! Er war Vater von vier Söhnen, erzählte er mir. Dabei hatte er sich immer eine Tochter gewünscht. Doris hätte sie heißen sollen – wie meine älteste Tochter.

15 lange, wunderbare Jahre durften Helmut und ich noch miteinander verbringen, bevor ich auch ihn zu Grabe tragen musste.

Bis heute bin ich beiden, Karl und Helmut, in Liebe verbunden.

Gerda Marien

WIE VOR JAHR UND TAG

Wie vor Jahr und Tag, liebe ich Dich doch,
Vielleicht weiser nur und bewußter noch,
Und noch immerfort ist ein Tag ohne Dich
Ein verlor'ner Tag, verlor'ne Zeit für mich.
Wie vor Jahr und Tag ist noch immerfort
Das Glück und Dein Name dasselbe Wort.
Allein, was sich geändert haben mag,
Ich lieb' Dich noch mehr als vor Jahr und Tag.

Reinhard Mey

Merkwürdig abwesend und traurig sah das Mädchen aus. Sie saß mir im Zug gegenüber, neben ihrem Vater: eine junge Inderin mit bildschönen tiefbraunen Augen und schwarzgelocktem, glänzendem Haar. Die vielleicht Zwölfjährige war auffallend hübsch angezogen. Sie blickte aus dem Fenster und dann wieder zu ihrem Vater, an den sie sich von Zeit zu Zeit ankuschelte. Meist gelingt es mir, Kinder aus der Reserve zu locken, und so versuchte ich es auch hier mit einem vorsichtigen Lächeln. Das Mädchen erwiderte meinen Blick, verzog aber keine Miene. Dann fing ich an, mit meinen Händen zu spielen, Figuren zu formen – und auf einmal kam Bewegung in den Lockenkopf: Sie hob ihre Hände und versuchte, meine Figuren nachzuahmen. Jetzt fiel mir auf, dass ihre rechte Hand verkrüppelt war. Das Mädchen schaute mich an, auf meine Hände, dann wieder auf ihre Hände – und so spielten wir miteinander. Wortlos. Beobachtet von ihrem Vater. Zwischendurch hörte sie unvermittelt auf und starrte aus dem Fenster – um dann das Spiel mit mir wieder aufzunehmen. Und schließlich erwiderte sie mein Lächeln.

In Nürnberg stiegen sie aus. Als sie sich erhoben, musste ihr Vater sie stützen. Er sah mich aufmerksam an, lächelte auf eine feine, zurückhaltende Art und sagte: „Danke."

Rita Fiebig

Es ist schön,
den Augen dessen zu begegnen,
dem man soeben etwas geschenkt hat.

Jean de La Bruyère

Ich hatte in diesem Schuljahr eine neue 1. Klasse mit einer ausgesprochen netten Elternschaft übernommen. Als Klassenlehrerin habe ich meist mit den Müttern meiner Schüler zu tun. Aber bei dieser Klasse brachten sich auch einige Väter ein. Einer von ihnen war besonders präsent. Er holte seinen Sohn Tobias oft ab und hatte immer Zeit für ein nettes Pläuschchen. Manchmal brachte er auch Bücher mit, die er für unsere Klassenbibliothek spendete. Wenn ich ihn mit seiner Frau sah, dachte ich: Was für herzliche und aufgeschlossene Eltern! Solch positive Menschen, die mir Respekt und Vertrauen in meiner Arbeit als noch junger Lehrerin entgegenbringen, tun einem wirklich gut.

Als mich mein Schulleiter nach den Osterferien vor dem Unterrichtsbeginn zur Seite nahm, konnte ich die Nachricht gar nicht fassen: Tobias' Vater war in den Ferien überraschend verstorben. Ich war wütend und traurig zugleich. Das Leben ist manchmal so ungerecht.

In der Zeit danach hatte ich Tobias besonders im Blick. Immer wenn er einen Regenbogen sehen würde, so erzählte er mir einmal, sei das ein Gruß von seinem Vater. Ein schöner Gedanke, den ich in meinen eigenen Alltag einbaute. Sobald ich einen Regenbogen entdeckte, dachte ich mit einem Lächeln an diesen besonderen Vater. Einmal war es sogar umgekehrt:

Ich dachte an den Vater und entdeckte kurz darauf am Himmel einen Regenbogen.

In den Sommerferien flog ich nach Afrika und besuchte auch die Victoriafälle. Nachdem ich einige Zeit an der Schlucht entlanggelaufen war, erblickte ich im Wassernebel den schönsten und gewaltigsten Regenbogen meines Lebens. Die Farben leuchteten mit fast unbegreiflicher Intensität, so dass mir plötzlich die Tränen kamen. Ich schluchzte und weinte, und die ganze Trauer über den Tod von Tobias' Vater entlud sich.

Schließlich versiegten die Tränen, und ich holte meine Kamera hervor. Ich machte ein Foto von dem Regenbogen, ließ es später ausdrucken und schickte es Tobias. Als Absender schrieb ich nicht meinen Namen auf den Umschlag, sondern „Willi". So hieß unsere Klassenhandpuppe. Willi teilte Tobias in einem kleinen Brief mit, dass er von nun an seinen Vater bei sich haben könne, wann immer er wolle.

Wenn ich heute einen Regenbogen sehe, werde ich daran erinnert, jeden Moment und jede Begegnung zu schätzen.

Clara Rosenthal

Wahres Mitgefühl verbindet.

Honoré de Balzac

Normalerweise ist der Bus M 29 voll besetzt, und wenn es gut läuft, ist die Atmosphäre unauffällig und nur von kleineren Unfreundlichkeiten oder Rempeleien begleitet. Aber es gibt Zeiten, da erlebe ich auf fast jeder Fahrt gereizte Mütter und gestresste Kinder, Anmache oder unfreundliche Sprüche. Und dazu ruppige Busfahrer, die plötzlich bremsen und ruckartig halten, sodass die Fahrgäste unsanft durch den Bus geschubst werden. Es ist eben das normale Unterwegssein in der Großstadt. Aber diese Fahrt, die nun schon einige Jahre zurückliegt, war anders.

An einem sonnigen Nachmittag stieg ich am Roseneck im Grunewald ein, mein Ziel war Kreuzberg, und los ging es im dicksten Verkehr durch halb Berlin. Das Merkwürdige: Der Doppeldecker ruckte und schlingerte nicht, sondern glitt sanft dahin wie ein Schiff im Ozean, und der Fahrer gab – was heutzutage per Bandansage geschieht – mit klarer und deutlicher Stimme die Namen der Haltestellen durch. Und was noch merkwürdiger war: Der gutgelaunte Mann nutzte die Fahrt auch dazu, auf Anschlüsse von U-Bahnen oder anderen Bussen und sogar auf einzelne Sehenswürdigkeiten aufmerksam zu machen. Freundliche Hinweise auf Zoo, Gedächtniskirche und KaDeWe fehlten ebenso wenig wie auf den Checkpoint Charly. Und es geschah, was mir wie ein Wunder vorkam: Die Freundlichkeit des Fahrers griff auf die Fahrgäste über, sie kamen miteinander ins Gespräch, und bald herrschte eine fast ausgelassene Stimmung. Die, die ausstiegen, bedankten sich bei dem Fahrer. Eine ältere schick gekleidete Dame hörte ich sagen: „Also sowat hab ick noch nich erlebt! Und ick hab schon viel erlebt!"

Ich musste bis zur Endstation fahren, und beim Aussteigen erlebte auch ich, was ich noch nie erlebt hatte: Wir verbliebenen Fahrgäste klatschten dem freundlichen Fahrer Beifall.

Rosa Sommer

Es sind die Begegnungen mit Menschen,
die das Leben lebenswert machen.

Guy de Maupassant

GEBEN UND NEHMEN

Während eines Asienaufenthaltes nach dem Abitur arbeitete ich an einer Schule in Auroville, einer internationalen Lebensgemeinschaft in Südindien, wo Menschen unterschiedlicher Herkunft und Religion gemeinsam leben und arbeiten.

Ich verbrachte den ganzen Tag mit zwanzig jungen Frauen, die den untersten Kasten angehörten und dort eine zweijährige Schulausbildung durchliefen. Viele von ihnen waren höchstens zwei Jahre zur Schule gegangen und konnten nicht einmal in ihrer Landessprache Tamil lesen und schreiben. Die Schule, die mit Geldern aus deutscher Entwicklungshilfe finanziert wurde, vermittelte den Frauen Grundkenntnisse in Tamil, Mathematik, Englisch, Kunst, Musik und Schneiderei, um ihre Chancen auf besser bezahlte Arbeitsplätze zu erhöhen. Sie mussten nicht, wie sonst üblich, Schulgeld zahlen, sondern erhielten sogar etwas Geld, weil sie ja während der Schulzeit sonst hätten arbeiten müssen und diese Einnahme ihren Familien jetzt fehlte.

Auch wenn die Verständigung schwierig war, habe ich Kunst- und Musikunterricht mit ihnen gemacht. Oft mit Hilfe einer ausgeklügelten Zeichensprache, was für viel Heiterkeit sorgte. Ich habe mit den jungen Inderinnen gelacht, getanzt, musiziert, genäht, gegessen und ihre Fröhlichkeit, Herzlichkeit und Wärme gespürt — und erfuhr von ihnen, dass viele schon einem Ehemann versprochen waren, den sie sich nicht aussuchen konnten, dass sie im Vergleich zu uns sehr, sehr arm waren und dass das Kastensystem hier immer noch eine beherrschende Rolle spielt. So gab es immer wieder Konflikte zwischen Frauen verschiedener Kasten, die außerhalb der Schule niemals etwas miteinander zu tun gehabt hätten.

Die Zeit ging viel zu schnell um. In den letzten Tagen machte ich ein Foto von allen und schenkte jeder Schülerin eins. Ausgelassene Freude war die Reaktion. Zum Abschied hatten die Frauen einen traditionellen Tanz vorbereitet. Während sie tanzten, habe ich innerlich noch einmal meine Zeit Revue passieren lassen, und mir wurde schwer ums Herz. Am Ende schenkten sie mir noch eine Kette, malten mir ein Bindi, also einen farbigen Punkt auf die Stirn und standen schließlich winkend am Zaun.

Heute betrachte ich oft die Kette und denke an die jungen Frauen. Frauen, die fast nichts besaßen und mir so viel gaben. Danke.

Marie van de Loo

Gute Gaben

Wir leben alle von dem, was uns Menschen
in bedeutungsvollen Stunden unseres Lebens
gegeben haben.

Novalis

„Wie geht es eigentlich Amigo Abidi? Kommt er noch zurecht?"

Dies fragte ich meinen Freund in Israel, als wir miteinander telefonierten. In größeren Abständen tauschen wir uns aus, und meistens geht es um „alte Geschichten" aus jener Zeit, als wir Anfang der 1960er Jahre einige Zeit gemeinsam in dem Kibbutz Yotvata etwas nördlich des Roten Meers verbrachten.

Kibbutzim sind kollektive ländliche Siedlungen, ursprünglich von sozialistischem Gedankengut durchdrungen, die beim Aufbau Israels eine wichtige Rolle spielten. In einem Kibbutz gibt es keinen Ruhestand. Jeder gibt, was er kann, und bekommt, was er braucht. Mein Freund lebt immer noch in Yotvata. Ebenso wie eine ganze Reihe von Menschen aus der Pioniergeneration des Kibbutz, unter ihnen auch Amigo Abidi.

Anders als die meisten anderen Kibbutzmitglieder, die aus Europa stammten und der damaligen Führungsschicht in Israel angehörten, war Amigo Abidi ein orientalischer Jude. Er war mit seiner Familie aus Ägypten in den neuen Staat übergesiedelt. Auch im Kibbutz war damals der feine Riss zwischen den verschiedenen gesellschaftlichen Gruppierungen spürbar, etwa wenn Amigo Abidi und seine Leute von „ihr" und „wir" sprachen. Mit „ihr" meinten sie die europäischen Juden – zu denen auch ich, obwohl gar kein Jude, gerechnet wurde.

Mit Amigo verbindet mich ein etwas beklemmendes Erlebnis. Einmal waren wir beide gemeinsam zum nächtlichen Wachdienst eingeteilt. D.h. wir mussten, mit Gewehren in der Hand, regelmäßige Kontrollgänge um das weitläufige Gelände machen. Dies war verbunden mit kleineren Aufgaben, in diesem Fall dem Umschließen der Hühnerställe.

Als wir den Rundgang fortsetzen wollten, bemerkten wir zu unserem großem Schrecken, dass die Gewehre, die wir abgelegt hatten, verschwunden waren. Hektisch durchsuchten wir die Stallungen – jedoch vergeblich. Wir bekamen Angst, dass Eindringlinge im Kibbuz seien, und beschlossen schließlich, Levko, den Sicherheitsoffizier, zu verständigen. Die Entscheidung fiel uns nicht leicht, denn es war klar, dass der Offizier uns wegen unserer Unachtsamkeit und Leichtsinnigkeit schelten, vielleicht sogar bestrafen würde. Levko mit seinem rötlichen Haar stammte aus einer osteuropäischen Familie, er war äußerst diszipliniert und konnte streng und mit großer Autorität auftreten. Obwohl er Humor besaß und herzhaft lachen konnte.

Tatsächlich reagierte Levko relativ ruhig, als wir ihm den Vorfall berichteten. Er schlug vor, dass wir noch einmal gemeinsam nach den Waffen suchen sollten. Gesagt, getan. Zuerst blieben wir erfolglos, doch dann hatte Levko eine Idee – und fing an, in der Futtertonne zu wühlen, wo die Gewehre zu unserer Verwirrung schon bald auftauchten. Amigo und mir dämmerte, dass uns hier eine Lektion erteilt wurde, die wir nie vergessen sollten. Levko hatte uns offenbar beobachtet und die Waffen in der Tonne versteckt. Eine Bestrafung erübrigte sich, denn wir waren schon genug beschämt.

„Wie geht es eigentlich Amigo Abidi?" – Mein Freund berichtete. Von der leichten Altersdemenz, der zunehmenden Orientierungslosigkeit. Aber auch davon, dass es ihm gut ginge und dass er zufrieden sei. Ich war überrascht.

„Das hat mit Levko zu tun", sagte mein Freund, „Du weißt doch, dass Amigo immer unter seiner orientalischen Herkunft gelitten hat und dass er sich nie so recht anerkannt fühlte als vollwertiges Gründungsmitglied des Kibbutz. Vor allem nicht von Menschen wie Levko, die leicht streng und selbstgerecht auftreten. Oder zumindest so wirken. Und als nun Amigo immer mehr Orientierungsprobleme bekam und Mühe hatte, sein Haus zu finden, wurde ihm Hilfe zuteil. Ausgerechnet durch Levko, der ja auch schon betagt ist, aber geistig und körperlich voller Frische. Levko hat eine Anzahl von Schildern angefertigt und im Kibbutz an verschiedenen Stellen aufgestellt. Auf ihnen steht: ‚Hier geht es zum Haus von Amigo Abidi, einem der Gründungsväter des Kibbutz.' Seitdem findet Amigo wieder nach Hause. Aber nicht nur das. Die quasi offizielle Anerkennung erfüllt ihn mit großem Stolz. Er ist regelrecht glücklich. Ich glaube, wie noch nie zuvor in seinem Leben."

Roland Neidhardt

Sei du mein Leuchtturm
in der Nacht
Sei du mein Schatten
im grellen Licht
Sei du die Hand
die mich hält
Sei du der Ort
der mir Zuflucht gibt
Weil ich weiß
dass du da bist
geht es mir gut

Peter Schiestl

Kurz vor meinem siebten Geburtstag siedelte meine Familie nach mehrjährigem Aufenthalt in den USA zurück nach „Old Germany". Ich war drüben geboren worden und hatte dort ein Jahr eine Ganztagsschule besucht. In besonderer Erinnerung ist mir die Weihnachtsfeier, als ich auf der Schulbühne ganz alleine in deutscher Sprache „O Tannenbaum" singen durfte, wobei meine Freundin Christy im grünen Weihnachtsbaumkostüm neben mir stand.

Dann kam die große Reise, die mein Herz in Aufregung versetzte. Die lange Fahrt in unserem Ford von der Westküste zur Ostküste, die Schiffspassage auf der „Bremen", bei der ich zum ersten Mal einen „Kindergarten" kennen lernte, die Ankunft in Bremerhaven, dann die anderssprachige Verwandtschaft, ein Jahrhunderte altes Bauernhaus ohne WC und fließendes Wasser.

Meine Eltern hatten beschlossen, dass ich erst nach den Herbstferien zur Schule gehen sollte. Für den ersten deutschen Schultag flocht mir meine Mutter zwei Zöpfe, geschmückt mit meinen beiden schönsten Zopfhaltern. Dazu trug ich mein bestes Kleid. Mein Vater brachte mich mit dem Ford, den wir mitgebracht hatten, zur Schule – einem Modell mit Heckflossen und weißen Radfelgen, wie man es nur noch aus alten Filmen kennt. Dann hielt mein Vater vor dem umzäumten Schulhof an, der Schulleiter kam dazu und die beiden begannen eine angeregte Unterhaltung.

Mir wurde indessen beklommen zumute. Auf der anderen Seite des Zaunes sammelten sich buchstäblich alle Schüler der Dorfschule, um das Auto und uns zu bestaunen. Sie redeten in einer Sprache, die ich nicht verstand, nämlich Plattdeutsch, und dann kam der Moment, in dem ich auf den Schulhof gehen musste. Im Nu war ich umringt von Kindern, die auf mich einredeten, meine Frisur, meine Zopfhalter, mein Kleid, meine Schuhe anfassten. Mein ganzes Ich wurde begafft und befingert. Meine innere Abwehr wuchs ins Unermessliche.

Und dann sah ich vor meinen Augen plötzlich eine Hand – eine warme, weiche Kinderhand, die mich berührte und die einem Mädchen mit langen, blonden Zöpfen gehörte.

„Kumm mit!", sagte sie, und ich folgte ihr ins Klassenzimmer. Es war der Anfang einer innigen Kinderfreundschaft mit Elfriede, die mir bis heute lieb und wert ist.

Helga de Vries

BIST DU NICHT

Bist du nicht
das Mädchen
mit trotzigen Locken
im roten Album

Bauten wir nicht
gemeinsam
Schlösser aus Luft
in der Fliederallee
hinterm Maikäferbaum
wo wir am Knusperhäuschen
naschten

Die Hexe verfolgte uns
bis in den Feuertraum

Nicht wahr
du bist meine Phönixgespielin mit trotzigen Locken
im roten Album

Rose Ausländer

Vor längerer Zeit lag ich im Krankenhaus mit einer bedrohlichen Erkrankung. Würde die Therapie wirklich anschlagen? Von den Ärzten, Schwestern und Pflegern hätte ich so gerne ein aufmunterndes Wort gehört. Wenigstens ein bisschen Mutmachung. Aber es kam nichts. Vielleicht waren sie alle zu beschäftigt, vielleicht waren sie auch skeptisch. Da kam ich mit der Putzfrau ins Gespräch, Deutschrussin, bescheiden und liebenswert. Ich hatte schon ein paar Mal einige Worte mit ihr gewechselt, aber jetzt sprach sie mich an, weil sie aus meinem Radio Mozartmusik hörte. Ihre Augen leuchteten und sie erzählte, dass sie früher in Russland Musiklehrerin gewesen sei, später dann Fabrikarbeiterin. Und dann sah sie mich aufmerksam an und sagte, mit ihrem harten Akzent: „Sie schaffen es, Sie kommen da gut durch! Das spüre ich."

Die Putzfrau hat Recht behalten.

Johannes König

SO GEHT'S

Ein Engel ist jemand, der lächeln kann
er lächelt dich im Vorbeigehen an
einfach so

Ein Engel ist jemand der lächeln kann
ganz ohne Grund in der Straßenbahn
und du wirst froh

Ein Engel ist jemand der lächeln kann
pass auf du begegnest ihm irgendwann
irgendwo

Er trägt selten Flügel, auch sonst sieht man
ihm sein Engelsein eigentlich gar nicht an
ach iwo

Echte Engel lächeln ein Licht in dich rein
bis du Lust hast, selbst ein Engel zu sein
das macht froh

Und dann bist du jemand, der lächeln kann
und du lächelst wen im Vorbeigehen an
einfach so

Doris Bewernitz

FRIEDLICHE BESATZUNG

Bei Kriegsende war ich acht Jahre alt. Meine Eltern besaßen einen Bauernhof, und mein Vater liebte es, abends vor dem Haus auf einer Bank zu sitzen und sich von den Mühen des Tages auszuruhen, seinen Gedanken nachzuhängen und auf den Gesang der Nachtigallen zu warten, die nur in der Dämmerung bei absoluter Stille im nahen Wäldchen schlugen. Eines Tages kam ein englischer Offizier vorbei, der auf dem nahegelegenen Fliegerhorst stationiert war. Er sah meinen Vater auf der Bank sitzen, setzte sich zu ihm und bat um ein Glas Milch. Dann kam er in unregelmäßigen Abständen wochenlang, trank mit meinem Vater Milch und verschwand wieder. Meine Mutter verbot uns, die beiden zu stören. Hin und wieder, wenn wir Kinder uns heimlich heranpirschten, hörten wir ein paar Wortfetzen, konnten aber nichts verstehen. Schließlich fragte ich meinen Vater, worüber sie sich denn dauernd unterhalten würden.

„Och, so über dies und das, was uns so bewegt, und übers Wetter."

Als ich ihm sagte: „Aber Papa, du kannst doch gar kein Englisch", antwortete er lächelnd: „Das macht nichts, er kann ja auch kein Deutsch."

Irgendwann kam der Engländer nicht mehr wieder, vielleicht war er versetzt worden. Mein Vater hat noch lange auf ihn gewartet.

Gisela Flenker

Gibt es etwas Beglückenderes
als einen Menschen zu kennen,
mit dem man sprechen kann
wie mit sich selbst?

Cicero

Kürzlich fragte mich jemand, ob ich religiös sei. Ja, das bin ich. Verantwortlich dafür ist Pastor Roth aus Lethe, einem Dorf in Niedersachsen. Es war nach dem Krieg, um 1950 herum. Als Flüchtlinge aus dem Riesengebirge in Schlesien waren wir hier gestrandet: meine Mutter, meine Schwester und ich. Zuerst bei einem Bauern, drei Personen in einem Zimmer, 14 Quadratmeter. Dann ergab sich die Möglichkeit eines Umzugs in das Pastorenhaus, wo meine Mutter im Haushalt half. Nun hatten wir 21 Quadratmeter zur Verfügung – eine gewaltige Verbesserung!

Die Pastorenfamilie war nett zu uns. Besonders gut erinnerlich ist mir der Konfirmandenunterricht bei Pastor Roth. Er hatte eine schöne Art, uns die Grundlagen des christlichen Glaubens zu vermitteln. Natürlich mussten wir vieles auswendig lernen, aber genauso wichtig waren seine Erklärungen und Erläuterungen. Als das 5. Gebot behandelt wurde, erzählte er eine Begebenheit aus dem Ersten Weltkrieg.

Er war damals Soldat an der russischen Front, und als Offizier war es seine Aufgabe, in heiklen Situationen voranzugehen. Mit seinen Kameraden stand er vor einem Haus, in dem sich russische Soldaten befanden. Herr Roth, damals noch Theologiestudent, ging als erster zur Haustür, mit der Pistole im Anschlag – und nur einem Gedanken im Kopf: Du sollst nicht töten, du sollst nicht töten … Er stieß die Tür auf, und dahinter stand tatsächlich ein russischer Soldat, ebenfalls bewaffnet. Der war so überrascht, dass er das Gewehr nicht mehr hochbekam und Herrn Roth schreckerfüllt ins Gesicht starrte. Doch dieser drückte nicht ab, worauf sich die Augen des Russen mit Tränen füllten.

Ich weiß nicht, wie die Geschichte weitergegangen ist, aber was ich behalten habe, ist das 5. Gebot.

Reinhard Fritsch

Es war wie jedes Jahr. Zu Weihnachten sollte ein Wunschzettel geschrieben werden. Mit großer Ausdauer studierten wir dafür wochenlang die Kataloge von Quelle und Neckermann. Obwohl meine Eltern nicht viel Geld hatten, versuchten sie immer, unsere Wünsche zu erfüllen.

Meine Schwester und ich waren uns immer schnell einig, vielleicht weil wir Zwillinge sind. In diesem Jahr war unser größter Wunsch ein riesengroßer Teddybär. Der Heilige Abend kam. Mutter verschwand nach dem Abendessen. Vater, unser Bruder und wir Zwillinge blieben in der Küche.

Die Spannung erhöhte sich von Minute zu Minute, aber dann endlich war es so weit, Mutter hatte gemeinsam mit dem Weihnachtsmann alles vorbereitet, und die Tür zur festlich geschmückten Stube öffnete sich. Die Geschenke für meinen Bruder lagen wie immer auf dem Sessel, unsere auf dem Sofa. Links einige bunt verpackte Päckchen für mich, rechts die Geschenke für meine Schwester. Und in der Mitte ein Teddy. Dass dort nur *ein* Teddy saß, war für uns kein Problem. Wir drückten ihn abwechselnd und neigten ihn immer wieder nach vorne, worauf er mit einem wunderbaren Brummen reagierte. Wir waren von ganzem Herzen zufrieden. Nach und nach trat eine fröhliche Ruhe ein. Als wir dann Mutters Stimme hörten, begriffen wir zuerst nicht, was sie uns sagte:

„Der Weihnachtsmann hat wohl etwas vergessen und unter dem Sofa liegen lassen. Was das wohl ist?"
Unter dem Sofa lag ein zweiter Teddybär.
Ich erinnere mich an ein Gefühl des Nichtverstehen- und Nichtglaubenkönnens. Meine Schwester und ich weinten beide. Vor Freude, Verwirrung, Aufregung, Rührung.
Noch heute – 40 Jahre später – gibt es den großen Teddy. Er hat einen Ehrenplatz in meinem Schlafzimmer, und wenn mir danach ist, nehme ich ihn in die Arme und lasse ihn brummen.

Helga Bohlen

MOMENTE DES GLÜCKS

Momente des Glücks
Wegmarken
der Erinnerung
aufbewahrt
in der Vorratskammer
des Herzens
Seelenproviant
ohne Verfallsdatum
verfügbar
zu allen Zeiten

Peter Schiestl

Es liegt schon viele Jahre zurück. Unser Sohn Jonas besuchte im Alter von sechs Jahren eine Vorschulklasse. Eines Tages erzählte mir seine Lehrerin, dass Jonas sie sehr überrascht habe. In der Religionsstunde ging es um die Kreuzigung von Jesus. Jonas reagierte zunächst völlig entsetzt auf die Erzählung und das Bild von dem leidenden, verwundeten Jesus am Kreuz. Bis es aus ihm herausbrach: „Das soll Gottes Sohn sein? Das glaube ich nicht. Das hätten wir in der Zeitung gelesen!"

Nach einer Weile deutlichen Nachdenkens schließlich die Erkenntnis: „Jetzt weiß ich, warum Gott sich da oben versteckt. Der schämt sich, weil er seinen eigenen Sohn am Kreuz hängen gelassen hat. Mein Papa hätte das nicht gemacht! Der wäre ganz schnell mit der Axt gekommen und hätte mich da runter geholt!"

Die Lehrerin verabschiedete sich von mir mit den Worten: „Ihr Sohn hat ja ein wunderbares Bild von seinem Vater. Voller Vertrauen. Wie schön!"

Das konnte ich nur bestätigen.

Christiana Jänicke

Nichts Größeres kann ein Mensch schenken
als sein ganzes Vertrauen.

Henry David Thoreau

Ein Winterwochenende. Auf dem Rückweg von einem Spaziergang mit Schneeballschlacht und Schneemann-Bauen will mein kleiner, vierjähriger Enkel eine riesige Schneekugel, die wir beide zusammengerollt haben, mitnehmen. Aber sie ist ihm zu groß und zu unhandlich, ich soll den Brocken für ihn schleppen. In Anbetracht des noch vor uns liegenden Wegs wehre ich mich: „Nein, Jarno, das kann ich nicht, die Kugel ist zu schwer, mein Rücken schafft das nicht."
Doch mein Enkel lässt nicht locker: „Bitte, Opa, du schaffst das! Du bist doch stark!" Seufzend ergebe ich mich meinem Schicksal und nehme den Koloss in die Arme. Wir laufen nebeneinander her, ich ächze und warte nur auf eine Gelegenheit, das Ungetüm wieder loszuwerden, als Jarno mich von der Seite her anstrahlt und mit dem Unterton des Triumphes verlauten lässt: „Nicht wahr, Opa, das wusstest du gar nicht, dass du das kannst!?"

Wieland Kleinmann

Wer Vertrauen hat,
erlebt jeden Tag Wunder.

Peter Rosegger

GEBURTSTAGSGESCHENK

Als ich vor einigen Jahren Geburtstag hatte, war mein Vater gerade an Krebs erkrankt, und er litt sehr an den Nebenwirkungen der Chemotherapie. Morgens, nachdem meine Schwester und meine Mutter aus dem Haus waren, setzte ich mich zu ihm ans Bett. Plötzlich fing er an zu weinen und erzählte, dass er so krank und schwach sei, dass er mir kein Geburtstagsgeschenk machen konnte. Ich musste auch weinen. So weinten wir gemeinsam, jeder mit seinen Gedanken. Der Geburtstag verlief sehr ruhig, aber den ganzen Tag und auch die nächsten Wochen ging mir dieser Augenblick nicht aus dem Sinn. Ich hatte Angst, es könnte mein letzter Geburtstag mit meinem Vater gewesen sein. In dem Moment am Bett hat er mir durch seine Tränen sein ganzes Vertrauen geschenkt. Und das war mehr wert als alle Geschenke. Selten waren wir uns so nah. Ich habe mir an diesem Tag nur eins gewünscht: dass er wieder gesund wird. Mit einem halben Jahr Verspätung habe ich mein Geschenk bekommen. Mein Vater war geheilt.

Jenny Sokolovski

Wunder geschehen plötzlich.
Sie lassen sich nicht herbeiwünschen,
sondern kommen ungerufen,
meist in den unwahrscheinlichsten Augenblicken,
und widerfahren denen,
die am wenigsten damit gerechnet haben.

Georg Christoph Lichtenberg

Ich war ein junges Mädchen und ging in die dritte Schulklasse. Es war die Zeit der Poesie-Alben, und zu meinem neunten Geburtstag bekam auch ich eins geschenkt. Voller Stolz auf das lederne Buch mit den vielen unbeschriebenen weißen Seiten ließ ich Eltern, Großeltern, Freundinnen und Lehrer hineinschreiben. Viele Verse mit mehr oder weniger originellen Lebensweisheiten füllten bald das Album, „Ohne Fleiß kein Preis", „Rosen, Tulpen, Nelken, alle drei verwelken, Stahl und Eisen bricht, aber unsere Freundschaft nicht", oder „Reden ist Silber, Schweigen ist Gold".

Mein Vater schrieb mir einen kurzen Vers hinein, den er mir vorlas und auch später immer wieder zitierte: „Lerne, als ob du ewig lebtest, und lebe, als ob du morgen sterben müsstest." Damals konnte ich die Tragweite des Spruches, der dem indischen Dichter Rabindranath Tagore zugeschrieben wird, noch nicht erfassen, war aber berührt, weil ich spürte, dass mein Vater mit diesem Satz offenbar sehr viel verband.

Inzwischen sind viele Jahre vergangen, und mein Vater lebt nicht mehr. Besonders in seinen letzten Lebensjahren gab es viel Fremdheit zwischen uns, weil er große Alkoholprobleme hatte. Aber mit der Zeit ist der alte Spruch aus dem Album für mich zu einer Brücke zu meinem Vater geworden. Immer wieder höre ich seine Stimme, wie er mir den Vers vorlas. Den Vers, der schon lange zu meiner eigenen Lebensphilosophie geworden ist, die ich an meine Kinder weiterzugeben versuche.

Anne Franssen

Nicht Fleisch und Blut,
das Herz macht uns zu Vätern.

Friedrich von Schiller

WO IST GOTT?

Als ich Lennart, unseren kleinen Sohn, ins Bett brachte, fragte er auf einmal, wer eigentlich Gott sei. Ich geriet ein wenig in Erklärungsnot und versuchte, dem Vierjährigen in einfachen Worten eine Vorstellung davon zu vermitteln, was es mit Gott auf sich hat, zumindest wie ich ihn sehe. Ich gebrauchte auch die Formulierung: „Gott ist überall, er ist in mir und er ist auch in dir." Entrüstet entgegnete daraufhin Lennart: „In mir ist keiner!"

Frauke Müller-Niemeyer

Von Rettung
und Heilung

Der Winter im Schwarzwald war kalt und brachte viel Schnee in das Dorf Bubenbach. Der vierjährige Sebastian, der heute mein Schwager ist, spielte vor dem Haus seiner Eltern, von dem er sich, ohne dass es jemand bemerkt hätte, immer weiter entfernte. Bei der Kirche entdeckte er, auf einer Mauer stehend, einen riesigen Schneehaufen, den die Schneefräse hinter der Mauer aufgeschüttet hatte. Der Anblick war so verlockend, dass er nicht widerstehen konnte und von oben in den Schnee sprang, in dem er sofort stecken blieb.

Mittlerweile hatte Sebastians Mutter bemerkt, dass ihr Sohn verschwunden war. Sie alarmierte sofort die Nachbarschaft, und gemeinsam durchkämmten die Erwachsenen das ganze Dorf. Schließlich fanden sie den Jungen in dem Schneehaufen hinter der Mauer – gerade noch rechtzeitig, bevor ihn die Fräse unter einer neuen Ladung Schnee bedeckt hätte.

Sebastians Mutter war überglücklich, ihren Sohn wieder im Arm zu halten, und versuchte ihm die Konsequenzen seines Tuns vor Augen zu führen: „Du hättest doch tot sein können, wenn wir dich nicht gefunden hätten!"

Darauf Sebastian: „Aber Mama, im Frühling wäre ich doch wieder da gewesen."

Vincent von Heynitz

DER ENGEL

Er geht wohl mir zur Seite,
Wär alles sonst zu schwer!
Man könnt es nie ertragen,
Wenn nicht der Engel wär.
Er blickt aus jedem Sternlein,
Er spricht aus jedem Stein,
Er macht die tausend Wunder –
Und führt mich doch noch heim!
Er hält mein ganzes Leben,
Wenn auch das Auge bricht …
Er schläft an meiner Seite –
Ich aber weiß es nicht.

Jakob Haringer

Es war ein wunderbar warmes September-Wochenende. Mit einem guten Freund hatte ich mich spontan dazu entschlossen, oben auf einem Berggipfel unter freiem Sternenhimmel zu übernachten.

Wir zogen los und erfreuten uns an dem schönen Tag. Kurz nach uns erreichte eine Gruppe mit fünf oder sechs Wanderern das Gipfelkreuz. Sie waren gut gelaunt und machten gegenseitig Erinnerungsfotos. Ich bot an, ein Bild von der gesamten Gruppe zu machen. Das Angebot wurde dankend angenommen, und ich knipste munter drauf los.

Ich forderte sie auf, lustige Posen einzunehmen und wir scherzten herum. Einer der Männer sagte: „Sie wissen gar nicht, WEN Sie fotografieren!", worauf ich antwortete: „Und Sie wissen gar nicht, von WEM Sie fotografiert werden!"

Dann gab ich den Fotoapparat wieder zurück und zeigte ihnen auf meinem Handy noch ein paar von meinen Tieraufnahmen aus Afrika, wo ich kürzlich gewesen war. Einer schaute mich grinsend an: „Kennen Sie den Film *Nirgendwo in Afrika*?" Na klar kannte ich den Film! „Wir sind alle Filmregisseure", sagte er. „Und die Kollegin, die den Film gemacht hat, ist auch unter uns."

Er wies auf die einzige Frau in der Gruppe, und jetzt erkannte ich sie, es war Caroline Link. „*Nirgendwo in Afrika* habe ich gesehen", platzte es aus mir heraus. „Aber *Jenseits der Stille*, das ist für mich der beste Film überhaupt!" Caroline Link lächelte. Sie war mir auf Anhieb sympathisch. Wir kamen ins Gespräch, und unser Kontakt sollte sich einige Zeit danach sogar noch fortsetzen.

Später suchten wir uns einen Schlafplatz. Erinnerungen stiegen auf. *Jenseits der Stille* im Kino. Ich war damals neun Jahre alt. Die Sensibilität, Verletzlichkeit, aber auch die Stärke der kleinen Lara im Film konnte ich so gut nachvollziehen. Ich fühlte mich dieser Figur sehr verbunden, und immer wieder hörte ich den Soundtrack auf einer CD, spielte ihn später selber auf Klavier. Die Musik begleitete mich durch turbulente Zeiten. Die Krankheit meines Vaters. Sieben lange Jahre dauerte es, bis er wieder ganz gesund war. Eine Zeit geprägt durch Krankenhausbesuche, Ängste, manchmal auch Lichtblicke und unbeschwerte Momente. Später beschäftigte ich mich immer wieder damit, warum ausgerechnet ich eine solche Erfahrung machen musste. Ich hätte mir stattdessen so sehr eine unbeschwerte Kindheit und Jugend gewünscht.

Dass ich nun Caroline Link zwanzig Jahre später hier auf dem Gipfel persönlich getroffen hatte, empfand ich als ein ganz besonderes Geschenk. Ich spürte immer mehr, dass ich das Vergangene endlich loslassen durfte.

Lisa Janßen

ZUGFAHRT

Ich sitze gegen
die Fahrtrichtung.
Der Blick nach vorn
ist ein Blick zurück.
Im Rücken
die Zukunft.
Plötzlich die Frage:
Wohin geht's?
Ich drehe mich um
und sehe:
Es geht vorwärts.

Anna Tomczyk

Am nasskalten 24. Dezember vor 18 Jahren war ich zu Besuch bei meiner Mutter in Köln. Sie lag im Krankenhaus, mit Verdacht auf Krebs. Meine Mutter war damals meine Familie, da ich keine Geschwister habe und mein Vater ein halbes Jahr zuvor an seinem lebenslangen exzessiven Alkoholkonsum gestorben war. Ich fühlte mich einsam und hilflos, war verbittert und zerrissen. Ich hatte schon eine langjährige Drogenkarriere hinter mir.

Nach dem Krankenhausbesuch setzte ich mich in die Straßenbahn, um mir in der Innenstadt Drogen zu besorgen. Es war so ungefähr 18 Uhr, die Zeit, die man Weihnachten am liebsten im Kreis seiner Familie verbringt. Da ich kein Geld hatte, versetzte ich für die Drogen meine lieb gewonnene Uhr, die mir meine Mutter ein Jahr zuvor zum Geburtstag geschenkt hatte. Die Straßen waren an diesem Heiligen Abend wie leergefegt. Mit den Drogen in der Tasche ging ich auf die nächste öffentliche Toilette. Kälte und fahles gelbliches Licht empfing mich. Ich schloss mich ein, setzte mich auf den Toilettendeckel und holte mein Spritzbesteck heraus. In meiner Verzweiflung und meiner Bitternis achtete ich nicht auf die Menge, die ich mir auf den Löffel legte. Dann setzte ich mir den Schuss.

Es war ganz anders als sonst. Mein Herz fing so stark an zu schlagen, dass ich das Gefühl hatte, es würde mir gleich aus der Brust platzen. Ich konnte mich

nicht mehr bewegen und sackte langsam den Klo-
deckel herunter.

Dabei war ich völlig klar im Kopf und nahm in meiner Umgebung alles genau wahr. Dort unten liegend,
nicht bewegungsfähig, im abgestandenen Urin ir-
gendwelcher Leute. Das Einzige, was ich hörte, war
das immer lauter werdende Rauschen der ständig
laufenden Toilettenspülung. Ich wartete nur noch darauf, für immer meine Augen zu schließen und Ruhe
zu haben. Nach ungefähr einer halben Stunde konnte ich mich wieder langsam aufrichten und bewegen.
In diesem Augenblick durchfuhr mich ein Impuls,
es war wie ein Weckruf von irgendjemand, und ich
schwor mir, mein Leben zu ändern, es in die Hand zu
nehmen.

Seitdem lebe ich, anfänglich mit therapeutischer Hilfe, drogenfrei. Ich genieße das Leben, bin beruflich
erfolgreich und auch privat zufrieden. Der Zustand
meiner Mutter besserte sich damals bald wieder, der
Krebsverdacht bestätigte sich nicht. Zwar ist sie inzwischen gestorben, aber sie hat meine „Rückkehr
ins Leben" mit Anteilnahme verfolgt und war irgendwann sehr stolz auf mich.

Peer Michaelis

AUF EINMAL DA

Ein neues Licht
wo Dunkel war
neues Leben
wo Trauer war
neue Energie
wo Stillstand war
neuer Mut
wo keine Kraft mehr war
neue Kraft
für neuen Mut

Peter Schiestl

GESCHENKTE JAHRE

Es war schwül am Spätnachmittag des 15. Juli. Ich hatte geduscht, meine langen Haare geföhnt und meine neue Jeans angezogen. Meine erste Levis, dazu ein neues Hemd und neue Schuhe. Ich fühlte mich „schockig", wie wir damals sagten.

Am Morgen war ich mit meinem Vater in der benachbarten Großstadt im Krankenhaus gewesen. Ich litt seit langem an Rückenschmerzen. Der Neurologe vermutete, dass es sich um einen Bandscheibenvorfall handelte, der möglicherweise operiert werden müsste. Mein Vater war besorgt und wohl deshalb besonders spendabel bei meinen Kleidungswünschen.

Ich wollte mit meinem Moped, einer blauen Zündapp, zum Jugendzentrum, um mein neues Outfit vorzuführen. Trotz der Rückenbeschwerden, die ich jetzt nicht weiter spürte. Es waren ein paar hübsche Mädchen dort, die mich interessierten. Noch ein schneller Blick in den Spiegel. Die Zündapp war blitzblank geputzt.

Ich musste nur noch schnell tanken. Die Tankstelle war kaum fünfzig Meter entfernt, schräg gegenüber von unserem Haus. Und schon brauste ich los. Ich schaute mich noch nach hinten um, bevor ich zur Tankstelle abbiegen wollte. Plötzlich hörte ich quietschende Reifen und sah, dass von vorne ein Auto kam, das schon bremste. Ich schaffe das gerade noch, durchblitzte es mich. Dann ein schmetternder Aufprall, Glas splitterte, ich lag auf der Straße. Am Bein eine große Wunde, am Kopf eine Platzwunde. Mit aufgerissenen Augen stieg eine Frau benommen aus ihrem Auto: „Junge, hast du mich denn nicht gesehen?!"

Von hinten hörte ich meine Mutter schreien, sie kam angerannt. Ich schämte mich, ihr mit meinem Leichtsinn diesen Kummer zu bereiten.

Der Krankenwagen brachte mich ins nächste Krankenhaus. Während der Fahrt wurde meine neue Jeans aufgeschnitten. Die Verletzungen schienen nicht schlimm zu sein, die Wunden wurden im Krankenhaus genäht. Auf einmal musste ich mich übergeben und konnte nichts mehr erkennen. Was folgte, wurde mir später erzählt.

Die Krankenschwestern registrierten beunruhigt meine zunehmende Schwäche und informierten die Ärzte. Man vermutete innere Blutungen und plante daher eine Bauchoperation. Meine Eltern, die inzwischen eingetroffen waren, wurden gefragt, ob ich katholisch sei. Als sie bejahten, wurde schnell ein Priester geholt, der mir auf dem Weg zum Operationssaal die Letzte Ölung spendete.

Die Operation blieb ohne Erfolg, man konnte den Grund meines immer schlechter werdenden Befindens nicht herausfinden. Ich wurde daraufhin in ein Sterbezimmer geschoben, mit zwei Kerzen am Kopfende.

Mein Vater, völlig entsetzt, bekniete einen der Ärzte, mich noch einmal genau zu untersuchen: „Sie können doch nicht einfach einen so jungen Menschen sterben lassen!" Der Arzt sagte ihm, es dürfte sich um eine schwere Kopfverletzung handeln, die nicht operabel sei, jedenfalls hier im Krankenhaus.

Dann reifte der Plan, mich in die nächst größere Klinik zu verlegen – dorthin, wo ich schon am Morgen wegen meiner Rückenprobleme gewesen war. Es war mittlerweile bald Mitternacht, Rettungshubschrauber flogen nicht bei Nacht. Also blieb nur der Krankenwagen. Während der Fahrt, bei der mein Vater mich begleitete, bekam ich Bluttransfusionen.

In der Klinik wurde ich sofort in den Operationssaal geschoben. Meinen Vater schickte man nach Hause. Er solle am Morgen anrufen. Am Morgen atmete ich schon wieder eigenständig.

Bei der Operation – die von demselben Arzt vorgenommen wurde, der mich morgens untersucht hatte – stellte sich heraus, dass ich eine größere Gehirnblutung hatte. Durch das Öffnen der gesamten rechten Schädeldecke gelang es, die Blutung zu stillen.

Die Verletzung hatte zunächst eine linksseitige Lähmung zur Folgen, die sich allerdings schon bald vollständig zurückbildete. Nach sechs Wochen wurde ich entlassen, ohne Haare und den Kopf voller grober Narben.

Ernste körperliche Folgen hat der Unfall nicht gehabt, sieht man von gelegentlichen leichten räumlichen Orientierungsschwierigkeiten ab.

Dennoch bedeutete das Ereignis einen tiefen Einschnitt in meinem Leben. Ich wurde deutlich selbstbewusster und zugleich lebensfroher. Und ich habe gelernt, viel mehr auch die kleinen Dinge und Erlebnisse des Alltags mit Dankbarkeit wahrzunehmen. Seit jenem Tag im Juli begehe ich meinen Geburtstag zweimal im Jahr. Mittlerweile sind es schon vierzig geschenkte Jahre.

Wilfried Meyer

DER BESONDERE TAG

Anhalten
Merken
Dass man immer noch da ist
Ein Wunder
Dankbar sein
Neu anfangen
Sich getragen fühlen
Durch die Zeit

Doris Bewernitz

Von Abschied und Trauer

DER LETZTE SCHULTAG

Im Juni gab es das Abschluss-Zeugnis. Mein alter Hauptschullehrer entließ uns, „seine zwölf Jungen und zwölf Mädchen", in den so genannten Ernst des Lebens. Damals erlernten die meisten von uns nach der Hauptschule gleich einen Beruf – bis auf die wenigen, die noch zur Handelsschule gingen oder, wie ich, zur Kinderpflegerinnenschule. Dieser letzte Schultag aber, das war klar, sollte von unserer Klasse gemeinsam beendet werden.

Also trafen wir uns am Abend mit unserem Lehrer in der Schule, um im alten Klassenraum zu feiern. Getränke – sogar Bier und Wein! – und Knabbereien hatten wir besorgt. Ein großes Büffet mit warmen und kalten Speisen gab es damals noch nicht. Doch Musik musste sein! Und genau wie es zu allen Zeiten üblich war, hörten wir mit Vorliebe das, was unseren Eltern die Haare zu Berge stehen ließ.

Es wurde ein wunderbarer Abend. Da wir uns alle seit Jahren kannten und miteinander vertraut waren wie Geschwister, hatte jeder seinen Spaß. Natürlich gab es auch die heimlich Verliebten, die sich nun endlich trauten, miteinander zu tanzen, und die Clique, die immer für Stimmung sorgte.

Die manchmal leise aufkommende Wehmut wurde durch besonders viele Späße immer gleich im Keim erstickt – und so schafften wir es, gegen Mitternacht aufzuräumen und uns von unserem Lehrer und voneinander zu verabschieden, als kämen wir morgen wieder.

Ich erinnere mich, dass ich mich von meiner besten Freundin und meiner Clique lachend getrennt habe und Roland auslachte, weil er mich unbedingt nach Hause bringen wollte. Aber ich ließ ihn mitgehen. Roland hielt mich für angetrunken, weil ich so besonders albern und fröhlich war und ihn unentwegt verulkte, bis wir unser Haus erreicht hatten.

Als ich später wohlbehalten im Bett lag, ließ ich den Abend noch einmal an mir vorbeiziehen. Und mir wurde bewusst, dass dies ein wirklicher Abschied war — von der Schule, den Lehrern, den Mitschülern, der Clique … Den ganzen Abend lang hatte ich zu denen gehört, die sich am meisten amüsiert, am meisten gelacht, getanzt und gescherzt hatten, doch in der Nacht habe ich noch lange und bitterlich geweint.

Margrit ten Brink

Ehe man nämlich ganz Abschied von dem alten Leben nimmt, sehnt man sich noch einmal gründlich danach zurück.

Theodor Fontane

BRUDERLIEBE

Mit zehn Wochen zog das Kater-Geschwisterpaar Willi und Felix bei mir ein. Die beiden waren unzertrennliche Freunde und erlebten viele Abenteuer gemeinsam. Vor allem das Streifen durch den Garten, zu jeder Jahreszeit und bei jedem Wetter, genossen sie sehr. Ein besonders von der Sonne verwöhntes Beet wurde im Laufe der Zeit ihr Lieblingsplätzchen.

Mit seinem sechsten Lebensjahr nahm Felix dann schlagartig ab. Es wurden bei ihm, der von Geburt an leukosekrank war, stark erhöhte Nierenwerte festgestellt. Pfingsten stand bevor, und mit einer homöopathischen Kur versuchten wir unser Bestes. Aber die Krankheit war schon zu weit fortgeschritten, und eines Tages war Felix nicht mehr imstande, sich selber zu putzen. In meiner Verzweiflung schaute ich seinen Bruder Willi an und bat ihn laut um Mithilfe. Willi zögerte nicht lange, legte sich neben seinen kranken Bruder und begann ihn langsam und sorgfältigst abzulecken.

Ich glaubte meinen Augen nicht zu trauen und hielt das Ganze für einen Zufall. Aber am nächsten Tag wiederholte sich das Schauspiel. Und auch an den Tagen danach.

Bald nach Pfingsten blieb uns nichts anderes übrig, als Felix von seinem Leiden zu erlösen und ihn einschläfern zu lassen. Selbst der Tierarzt, dem er inzwischen ans Herz gewachsen war, tat sich schwer damit.

Wir beerdigten Felix mit einer kleinen Zeremonie im Lieblingsbeet. Noch Wochen später maunzte Willi, wenn er im Garten war und in die Nähe des Beetes kam.

Conny Meinicke

Du bist fortgegangen aus unserer Mitte, aber nicht aus unseren Herzen. Du bist nicht mehr da, wo du warst, aber du bist überall, wo wir sind.

Nach dem Abitur entschloss ich mich, für einige Zeit ins Ausland zu gehen, meine Wahl fiel auf Australien. Der letzte Tag in Deutschland war schwer: Am Morgen starb meine Katze, und abends musste ich Abschied von meiner Familie nehmen – zumindest für die nächsten acht Monate.

Einige Tage nach der Ankunft fand ich eine kleine Farm in Richmond, in der Nähe von Sydney. Dort arbeitete ich ohne Bezahlung, aber mit Unterkunft und Verpflegung. Die beiden Farmer, Bill und Questa, waren schon um die achtzig, beide sehr lebensfroh und noch relativ fit für ihr Alter. Es wurden zwei wunderbare Wochen.

Morgens, gleich nach Sonnenaufgang, fütterten wir die Kühe, tagsüber kochten wir leckeres Essen, ich half im Haushalt oder beim Einkaufen, und wenn die beiden einen Mittagsschlaf machten, hielt ich meistens auch einen. Wenn ich zu lange schlief, klopfte Bill an meine Tür: „Waky, waky!" Manchmal hieß es auch: „Kristina, hast du meine Brille gesehen?", und schon begann die Sucherei.

Nachmittags fuhren Bill und ich mit dem Traktor auf die Weiden und reparierten Zäune. Ich musste immer in Bills Nähe bleiben, denn bei dem unebenen Boden kam er schnell aus dem Gleichgewicht. Abends spielten wir Karten, oder Bill und Questa erzählten spannende Geschichten aus ihrem Leben. Questa lachte dabei immer sehr viel. Ich fühlte mich ein bisschen wie bei Großeltern und gewann die beiden richtig lieb. Es war auch so schön, wie sie miteinander umgingen. Selbst nach sechzig Jahren waren sie noch wie zwei junge Verliebte. Oft schauten sie sich tief in die Augen und fingen an zu lächeln, und Questa fragte: „Bill, habe ich heute schon einen Kuss bekommen?"

Nach den zwei Wochen fiel es mir schwer, die beiden alleine zu lassen, aber ich wusste, dass die Kinder und Enkelkinder in der Nachbarschaft wohnten und, wenn nötig, immer halfen.

Vier Monate später war ich wieder in der Nähe von Richmond, verschiedene Reisen und Jobs lagen hinter mir. Ich rief Bill und Questa an, ich wollte sie unbedingt sehen.

Es war schön und merkwürdig zugleich, plötzlich wieder in einer vertrauten Umgebung zu sein. Ich umarmte die beiden zur Begrüßung und fühlte gleich, dass etwas anders war. Questa hatte sich einen Infekt eingefangen, und Bill war wesentlich schlechter zu Fuß.

Ich half bei den Vorbereitungen fürs Essen, schließlich wusste ich ja noch, wo alles in der Küche seinen Platz hatte. Sie erzählten mir, dass sie nach mir nur noch einen „Farmfreiwilligen" gehabt hatten,

dass ihnen die Farmarbeit zu viel sei und dass Bill über
Weihnachten im Krankenhaus gewesen war.
Dann war es Zeit für mich zu gehen, und ich wusste,
dass ich Bill und Questa nie wiedersehen würde.

Kristina Steiner

ERINNERUNG

All das Schöne,
das wir gemeinsam erlebt haben,
ist nicht mehr,
wird nie mehr sein.

All das Schöne,
das wir gemeinsam erlebt haben,
hat mich geprägt,
bereichert und ermutigt.

All das Schöne,
dass wir gemeinsam erlebt haben,
ermutigt mich,
offen zu sein und Neues zu wagen.

All das Schöne, das ich erleben,
und das Fordernde, das ich meistern werde,
erinnert mich an das Leben mit dir,
für das ich unendlich dankbar bin.

Max Feigenwinter

HERR BARTH

Es war ein strahlender Montagmorgen. Wir hatten alle Fenster bereits vor der ersten Stunde geöffnet, da es sonst in den Naturwissenschaftsräumen unerträglich heiß wurde.

Zwölfte Klasse, zweites Halbjahr. So langsam begannen selbst Schüler wie ich hin und wieder an das näher rückende Abitur zu denken.

Unser Kurs bestand beinahe ausschließlich aus Schülern, für die Biologie das kleinste aller Übel war. Irgendein naturwissenschaftliches Fach musste man belegen, und in Biologie rechneten wir uns die besten Chancen aus. Das hatte mit Herrn Barth zu tun, unserem Lehrer.

Herr Barth wusste, warum wir zu ihm kamen. Er hatte stets Verständnis dafür, wenn wir gelegentlich seine Stunden zur Vorbereitung für die Leistungskurse benutzten. Und doch lernten wir bei ihm sogar einiges. In seinem Unterricht herrschte gerade die richtige Mischung zwischen Lockerheit und Strenge.

Neben seiner Lehrtätigkeit war er auch der Drogenberater unserer Schule. Nicht wenige Schüler haben es ihm zu verdanken, dass sie ihr Abitur doch noch geschafft haben.

Nicht selten verbrachten wir unsere Unterrichtsstunden bei schönem Wetter im Freien, was sich hervorragend mit einem kleinen Imbiss verbinden ließ und uns Rauchern sehr entgegenkam.

Kurstreffen gab es reichlich, und dabei erzählte Herr Barth gerne aus seiner eigenen Schul- und Studentenzeit. Während seines Studiums hatte er als Taxifahrer gejobbt, da er von zu Hause nicht viel Geld erhielt. An den Wochenenden betätigte er sich auch jetzt noch hin und wieder als Taxifahrer. „Aus Nostalgie", wie er lächelnd sagte.

An jenem Montagmorgen warteten wir auf Herrn Barth, erledigten noch schnell unsere Hausaufgaben und waren froh, als auch fünf Minuten nach offiziellem Stundenbeginn noch keine Spur unseres Lehrers zu sehen war.

So locker er es mit dem Zuspätkommen bei uns Schülern nahm, so streng war er mit sich selbst. Es musste schon einen triftigen Grund geben, wenn er ausnahmsweise einmal nicht pünktlich war.

Nach weiteren fünf Minuten begannen wir uns zu wundern, und als zwanzig Minuten verstrichen waren, ohne dass Herr Barth oder ein anderer Lehrer erschienen wäre, beschlossen wir, jemanden ins Lehrerzimmer zu schicken. Zwei Freiwillige verließen den Klassenraum, um unmittelbar darauf wieder zurückzukehren. Ihnen folgte der Direktor. Wir erfuhren, dass Herr Barth tot sei.

Er war am Abend zuvor, als er mit dem Taxi unterwegs war, von zwei Fahrgästen überfallen und erstochen worden. Die Täter wurden schnell geschnappt, die Beute betrug 140 Euro.
Was Herr Barth gegeben hat, lebt weiter.

Patrick Helfrich

Jeder Mensch ist nicht nur er selbst, er ist auch der einmalige, ganz besondere, in jedem Fall wichtige und merkwürdige Punkt, wo die Erscheinungen der Welt sich kreuzen, nur einmal so und nie wieder. Darum ist jedes Menschen Geschichte wichtig, ewig, göttlich, darum ist jeder Mensch, solange er irgend lebt und den Willen der Natur erfüllt, wunderbar und jeder Aufmerksamkeit würdig. In jedem ist der Geist Gestalt geworden, in jedem leidet die Kreatur, in jedem wird ein Erlöser gekreuzigt.

Hermann Hesse

„Mama, in welchem Land ist das, wo Krieg ist und wo die Menschen sterben?", fragte mich meine fünfjährige Tochter Mia. In ihrem Kindergarten waren einige syrische Flüchtlingskinder, von deren Schicksal sie etwas mitbekommen hatte. Ich war unsicher.

„Warum willst du das denn wissen?"

„Ich will dorthin, ich will auch sterben. Morgen will ich dahin!"

„Warum willst du denn sterben?", fragte ich entgeistert.

„Ich will zu Jesus!"

Für Jesus und die biblische Geschichte interessierte sie sich gerade mit großer Leidenschaft.

Halb erleichtert erklärte ich Mia, dass sie dafür nicht zu sterben bräuchte, sondern wir alle auch schon jetzt, in unserem Leben, mit Jesus in Berührung kommen könnten.

Doch Mia blieb skeptisch: „Wie soll das denn gehen? Der ist doch tot!"

Immerhin war sie nun aber bereit, die Reise in das Kriegsland zu verschieben – auf nächste Woche.

Emilia Sonnenberg

KAKAO IM HIMMEL

Es war in der Zeit, als sich mein kleiner Bruder Johann intensiv mit dem „Sterben und was danach kommt" beschäftigte. Anlass war der Tod unserer Großtante Anna. Johann war klar, jedenfalls nach allem, was die Erwachsenen erzählt hatten, dass Tante Anna jetzt im Himmel war.

„Wie sieht es denn im Himmel aus?", löcherte Johann unsere Mutter.

„Ja, so ganz genau wissen wir das auch nicht …", begann sie. Aber das reichte meinem Bruder nicht.

„Hat denn der liebe Gott auch Kakao?", wollte er, der für sein Leben gern Kakao trank, wissen.

„Doch", meinte unsere Mutter etwas zögerlich, „ich glaube, der hat auch Kakao."

„Aber der liebe Gott muss ja ganz, ganz viel Kakao haben, wenn so viele Leute in den Himmel kommen", überlegte Johann weiter.

„Ja", antwortete sie, „der hat bestimmt genug."

„Ich glaube, der hat ganz viele Eimers Kakao, und die stehen gleich hinter der Tür", war sich Johann auf einmal sicher – und offensichtlich beruhigt.

Als Johann siebenundzwanzig Jahre alt war, nahm er sich das Leben. In einer Lebenskrise, wie sie junge Menschen manchmal durchmachen. Sein Tod riss tiefe Wunden in mir und allen anderen, die ihm nahestanden. Es vergingen Jahre, bis sie halbwegs vernarbten. Nachdem ich mich in den ersten Jahren danach immer wieder mit seinem Leben und Sterben auseinandergesetzt habe, ist inzwischen Ruhe eingekehrt und das Verhältnis zu meinem Bruder von einer tiefen Gelassenheit geprägt. Zwar hadere ich manchmal noch mit dem Geschehen, und ich höre mich sagen: ‚Du geliebter Blödmann, hättest du mich damals nicht anrufen und mir von deiner Verzweiflung erzählen können? Vielleicht hätte ich dir helfen können. Heute würdest du bestimmt den Kopf schütteln über deine damalige Todessehnsucht. Und wie schön wäre es, wenn du einfach noch da wärst. Auf deiner Geige spielen würdest. Vielleicht Kinder hättest. Cousin und Cousine meiner eigenen Kinder.‘

Aber dann ist da doch eine andere Stimme, die mir sagt: ‚Es ist, wie es ist. Wir müssen lernen, Dinge und Geschehnisse hinzunehmen, deren Grund wir nicht begreifen können. Der eine geht früher, der andere später. Das ist nicht besser oder schlechter, das ist einfach so.‘

Johann nimmt heute in meiner Welt einen festen Platz ein, er – oder was ihn ausgemacht hat – lebt in dieser Welt. Ich denke an ihn – und an den kleinen Jungen, der so gerne Kakao getrunken hat. Zu gerne würde ich wissen, ob er denn wohl tatsächlich die vielen „Eimers Kakao" gleich hinter der Himmelstür vorgefunden hat.

Heiko Poppinga

Ich würde Jahrtausende lang die Sterne durchwandern, in alle Formen mich kleiden, in alle Sprachen des Lebens, um dir einmal wieder zu begegnen.

Friedrich Hölderlin

ABSCHIED

Nachdem sie sich eine Woche vorher hingelegt und voller Zuversicht und mit klarer und ruhiger Stimme gesagt hatte, sie werde nicht mehr aufstehen, war sie gestorben, meine Urgroßmutter, an einem frischen Sommermorgen.

Wie es bei uns Sitte ist, sollten die weiblichen Verwandten sie jetzt für ihre letzte Reise vorbereiten und festlich kleiden; und weil auch ich nun erwachsen war, war es meine Aufgabe mitzuhelfen. Ich hatte Angst vor der Begegnung mit dem Tod. Als ich sie sah, schwand meine Angst; vor mir lag ein friedliches, sanftes Gesicht mit einem kindlichen Ausdruck. Mir kam es so vor, als wäre sie wieder Kind geworden, als habe sie sich in ihre Kindheit zurückbegeben. Der Raum um sie war still. Wir fingen an, diesen ruhig gewordenen Körper zu waschen, wie man einen Säugling wäscht: jede Handbewegung behutsam, irgendwie bekannt und geläufig. Ja, meine Urgroßmutter war hilflos, ruhig und gab sich vollends unserer Pflege hin, und ich freute mich, ihr das zu geben, was ihr letztes Bedürfnis war. Bei jedem Kleidungsstück, das wir über ihren Körper streiften, empfand ich die Dankbarkeit und die Ehre, dabei gewesen zu sein, sie mit Würde zu kleiden, sie schön zurechtzumachen, wie wir es alle tun, wenn wir auf eine Reise gehen, um eine neue Welt zu entdecken.

Anne Brunet

Alles, was schön ist, bleibt schön,
wenn es welkt.
Und unsere Liebe bleibt Liebe,
auch wenn wir sterben.

Maxim Gorki

Es war ein Montagabend im Januar, als die Nachricht kam. Man hatte Martin gefunden. Unten an einer Felswand. Er war zusammen mit seinem Kletterpartner abgestürzt. Vierhundert Meter senkrecht in die Tiefe. Mein kleiner Bruder. Mein geliebter Bruder. Er hatte doch noch so viel vor sich mit seinen achtundzwanzig Jahren ...

Die folgenden Tage und Wochen waren eine Zeit der Fassungslosigkeit und Leere, aber auch der Anteilnahme, Wärme und Herzlichkeit. Wo war mein Bruder nun? Wie geht es nach dem Tod weiter? Gibt es eine Seele? Auf keine dieser Fragen hatte ich bisher für mich eine Antwort gefunden.

Einige Monate später. Ich machte mit Freunden eine Tour in die Berge. In die Berge, die mir meinen Bruder genommen hatten. Mein Weg führte auf den Aggenstein. Dort waren wir oft gemeinsam gewesen. Oben angekommen, machten wir auf einem Felsvorsprung Halt. Genau hier hatten wir auch im vergangenen Sommer eine Rast eingelegt, als mein Vater, mein Bruder und ich eine Bergtour unternommen hatten. Es war unsere letzte gemeinsame Klettertour. Während ich nun so dasaß, kamen viele schöne Erinnerungen zurück. Ich suchte nach einem Stein, den ich auf Martins Grab legen wollte, als ich plötzlich neben meinen Füßen ein Edelweiß entdeckte. Edelweiß findet man nur äußerst selten. Und auf dem Aggenstein an dieser Stelle eigentlich gar nicht. Eigentlich.

Katharina Haidl

Tot ist überhaupt nichts:
Ich glitt lediglich über in den nächsten Raum.
Ich bin ich, und ihr seid ihr.
Warum sollte ich aus dem Sinn sein,
nur weil ich aus dem Blick bin?
Was auch immer wir füreinander waren,
sind wir auch jetzt noch.
Spielt, lächelt, denkt an mich.
Leben bedeutet auch jetzt all das,
was es auch sonst bedeutet hat.
Es hat sich nichts verändert,
ich warte auf euch,
irgendwo
sehr nah bei euch.
Alles ist gut.

Annette von Droste-Hülshoff

Die Magie
des Augenblicks

Vor ein paar Jahren fuhren Tommi und ich eine Woche nach Holland. Wir brauchten mal wieder etwas Zeit für uns und hatten kein besonderes Ziel, nichts gebucht, nichts geplant. Unser Weg führte uns nach Sneek, das ich von vielen Bootsreisen meiner Kindheit in schöner Erinnerung hatte.

Wir bummelten herum und entspannten uns, als wir an einem Spielwarenladen vorbeikamen. Die Taufe meines Neffen stand bevor, und ich entdeckte im Fenster ein Mobile mit Segelbooten, Leuchtturm und Möwen, das mir als Geschenk passend erschien.

Der Laden war nicht groß, das Spielzeug, das wir sahen, aber besonders schön. Vielleicht ein bisschen so, wie wir uns als Kinder die Werkstatt des Weihnachtsmanns vorgestellt haben, vieles aus Holz, Blech und manches auf den ersten Blick nicht zu ergründen.

Ein älterer Herr sprach uns an und wechselte gleich zu Deutsch über, als er merkte, woher wir kamen. Seine Stimme hatte einen so tiefen, weichen Klang, dass wir beide schlagartig, wie wir uns hinterher eingestanden, eine Gänsehaut bekamen. So schien es fast selbstverständlich, als er anfing, von seinem Leben zu erzählen, von seinen vier Kindern, die in diesem Laden groß geworden waren, von all den Spielsachen, die er mit Liebe und Sorgfalt ausgesucht hatte, und von dem, was er persönlich am meisten schätzte: Kreisel.

Tatsächlich gab es hier unzählige Kreisel jeder Art und Größe, und während er mit uns sprach, zog er einen nach dem andern auf. Vor uns drehten und bewegten sich die bunt gestreiften und bemalten Blechkreisel, sie turnten und kullerten, einer schwebte in einem Magnetfeld ein Stück über dem Boden. Ich lernte, dass die Kreisel, erst einmal in Bewegung gesetzt, unglaublich stabil sind, aber nur ungern von ihrer Bahn abgebracht werden. So als ob sie eigene Wesen sind.

Tommi und ich verloren uns völlig zwischen den Kreiseln, in den Geschichten und Märchen und der hypnotisierenden Stimme. Irgendwann nach unendlich langer Zeit standen wir mit dem eingepackten Mobile und einem Kreisel wieder auf der Straße. Ich hatte weiche Knie und war wie betäubt. Wir überquerten die Straße und ließen uns auf einer kleinen Mauer nieder. Unser Blick wanderte zurück zu dem unscheinbaren Eingang des Spielwarenladens, wo wir erst jetzt die Spielhölle gleich daneben bemerkten mit der grellen, blinkenden Neonreklame: „Magic World", „Magic World", „Magic World" …

Steffi Kujadt

Das Wenigste gerade, das Leiseste, das Leichteste, einer Eidechse Rascheln, ein Hauch, ein Husch, ein Augenblick – wenig macht die Art des besten Glücks.

Friedrich Wilhelm Nietzsche

Es war vor 1989. Während meiner Tätigkeit bei der Evangelischen Kirche nahmen wir an Begegnungsseminaren mit unserer Partnergemeinde in Ostberlin teil. Wir hatten oft Herzklopfen beim Passieren der Grenze, doch diesmal erwischten wir eine besonders strenge Grenzpolizistin. Alle Taschen und Koffer mussten wir öffnen, sie kontrollierte gründlich und ohne ein Wort zu verlieren. Sogar die Rückbank unseres Autos mussten wir hochklappen, wobei wir nicht einmal wussten, wie die Mechanik funktionierte. Die Beamtin zeigte es uns.

Es war die Zeit der Konfirmation, und ein Bekannter hatte uns gebeten, seinem Patenkind eine Kette mit einem Kreuzanhänger mitzunehmen. Die Kontrolleurin entdeckte das Kästchen in meiner Handtasche, ich musste es ihr geben. Mir blieb fast das Herz stehen, als sie die Kette in die Hand nahm und intensiv betrachtete. Ich glaubte schon, wir wären das Geschenk jetzt los, als die Frau mit belegter Stimme sagte: „Ist die schön!" Sie gab mir das Kästchen mit Kette zurück. Wir durften weiterfahren – und sahen im Rückspiegel, dass die Grenzpolizistin uns nachblickte.

Irmgard Hänsel

Der Verstand kann uns sagen,
was wir unterlassen sollen.
Aber das Herz kann uns sagen,
was wir tun müssen..

Joseph Joubert

Es war ein heißer Sommer vor 15 Jahren, als ich in Urlaub fuhr. Ich bin leidenschaftliche Taucherin, mein Ziel waren diesmal die Scilly Islands, eine Inselgruppe vor Cornwall im Ärmelkanal. Mich fasziniert die Landschaft, wild und ursprünglich, eine Insel, geprägt von Schmuggel und Piraterie der Vorfahren der heutigen Einwohner.

Ich hatte mich für eine Woche auf einem Schiff eingemietet, einem umgebauten Kutter, der nun für Tauchfahrten benutzt wurde. Der Kapitän war ein alter Seemann, rau und herzlich, weit über 60, der für seine sechs Gäste mittags Tee und Suppe und immer eine Geschichte parat hatte.

In dem sehr kalten Wasser tauchten wir täglich zweimal, zwischendurch nur von der Sonne und der Verpflegung aufgewärmt. Wir sahen Wracks und konnten Katzenhaie beobachten. Am letzten Urlaubstag fragte mich der Kapitän beiläufig, was ich mir denn für heute noch zu sehen wünschte.

„Robben!", antwortete ich spontan. Er sagte nichts. Wir fuhren sehr lange, bis wir an einem kahlen Felsen vor Anker gingen.

Der Kapitän zeigte auf die Felseninsel. „Da sind deine Robben", sagte er knapp. Ich war fasziniert, zusammen mit den anderen sah ich den Tieren zu, die sich in der Sommersonne räkelten und so wunderbar weich glänzten.

„Was ist?", fuhr mich der Kapitän an, „Willst du jetzt tauchen oder nicht?" Damit verschwand er in der Kombüse.

Hastig fuhr ich in meinen Tauchanzug und fummelte aufgeregt an Maske und Atemgerät. Zusammen mit meinem Tauchpartner glitt ich leise ins Wasser, mit dem Gedanken, dass wir die scheuen Tiere nicht wiedersehen würden. Mein Partner tauchte vor mir, wandte den Kopf suchend hin und her, ich in geringem Abstand dahinter. Auf einmal schob sich eine Robbe zwischen uns, ich konnte sie sehen, mein Tauchpartner aber nicht. Immer, wenn er den Kopf wandte, drehte sie ihn auch, links, rechts, links, rechts. Ich blieb hinter den beiden und genoss den Anblick. Dann drehte sich mein Partner um und sah, wer uns folgte. Das ging eine ganze Weile so, bis das Tier kehrtmachte und mit unglaublicher Eleganz davonschwamm.

Dann geschah etwas Merkwürdiges. Die Robbe schaute sich um, schien uns aufzufordern, mitzukommen, und wir folgten. In einiger Entfernung erreichten wir einen Platz mitten im Tang, ein Stück unter Wasser, wo wir unseren Augen nicht trauten: Die ganze Robbenherde war hier versammelt! Als erstes begrüßte uns eine alte Robbe, die aussah wie ein alter Matrose, mit großen braunen Augen und grauem Bart. Sie wiegte sich im Seetang und hatte die vorderen Flossen überkreuzt, bedächtig und abgeklärt schaute sie uns an. Dann kamen die jüngeren Tiere, sie näherten sich vorsichtig, dann immer mutiger, kniffen uns in die Flossen, stupsten uns mit ihren schnurrbärtigen Nasen und vollführten Purzelbäume um uns herum. Sie ließen sich für einige Augenblicke streicheln, schwammen weg, kamen wieder näher. Es war ein Spiel von Zärtlichkeit, von Gelassenheit und Freundlichkeit, von unendlicher Sanftheit. Es war ein Traum und doch kein Traum. Es war die Ahnung von Schöpfung und dem Einssein mit allem Leben auf der Erde. Viel zu früh musste ich auftauchen, die Luft wurde knapp. Für den Rest des Tages konnte ich nicht mehr reden, so ergriffen war ich.

Silke Wormenor

ALL-EIN

Ich kam ans Meer

Schwieg mich aus
Trank aus dem Kelch
Der Ewigkeit
Badete in der Herrlichkeit
Der Schöpfung
Verlor mich
Fand mich
Verstand mich
Mein Atmen mein Leben
Das Salz meiner Tränen
Aß und trank
Vom Mahl des Himmels

Und wurde satt

Cornelia Elke Schray

In manchen Geschichten wurden die Namen der dort genannten Personen geändert. Zudem haben einige Autorinnen und Autoren ein Pseudonym gewählt.

Quellenverzeichnis:
Rose Ausländer: S. 36, Bist du nicht, Aus: dies., Ich höre das Herz des Oleanders. Gedichte 1977–1979, © S. Fischer Verlag GmbH, Frankfurt am Main 1984. **Doris Bewernitz**: S. 39, 71 © bei der Autorin. **Max Feigenwinter**: S. 81, Aus: ders., Deine Spur in meinem Herzen. Trost in Tagen der Trauer, © 2017 Verlag am Eschbach. **Hermann Hesse**: S. 84, Textauszug aus: ders., Demian. Die Geschichte von Emil Sinclairs Jugend, in: ders.: Sämtliche Werke in 20 Bänden. Herausgegeben von Volker Michels, Band 3: Roßhalde, Knulp, Demian, Siddhartha, © Suhrkamp Verlag Frankfurt am Main 2001. Alle Rechte bei und vorbehalten durch Suhrkamp Verlag Berlin. **Reinhard Mey**: S. 19 In: LP „Wie vor Jahr und Tag" (1974), © Edition Reinhard Mey GmbH. **Peter Schiestl**: S. 33, 47, 67 © beim Autor. **Isabella Schneider**: S. 13 © bei der Autorin. **Cornelia Elke Schray**: S. 103 © bei der Autorin. **Anna Tomczyk**: S. 64 © bei der Autorin.

Zum Herausgeber:
Andreas Wojak, Dr. phil., arbeitet als Autor, Herausgeber und Radiojournalist. Er ist aufgewachsen in Ostfriesland, lebt in Oldenburg.

Bildnachweis:
pworld / iStock.

ISBN 978-3-86917-696-3
5. Auflage 2021
© 2019 Verlag am Eschbach,
ein Unternehmen der Verlagsgruppe Patmos
in der Schwabenverlag AG
Im Alten Rathaus/Hauptstraße 37
D-79427 Eschbach/Markgräflerland
Alle Rechte vorbehalten.

www.verlag-am-eschbach.de

Gesamtgestaltung: Angelika Kraut, Verlag am Eschbach
Kalligrafie: Ulli Wunsch, Wehr
Herstellung: Grafisches Centrum Cuno GmbH & Co. KG, Calbe
Hergestellt in Deutschland

Dieser Baum steht für umweltschonende Ressourcenverwendung, individuelle Handarbeit und sorgfältige Herstellung.